풀이슬 꽃잠

김지향 동민조시집

풀이슬 꽃잠

초판 1쇄 _ 2025년 4월 21일
초판 발행 _ 2025년 4월 25일

지은이 _ 김지향
펴낸이 _ 김진중
편집디자인 _ 신승희
펴낸곳 _ 도서출판 천하애사랑(天河愛舍廊)
주　소 _ 우)03029 서울특별시 종로구 통일로12길 16-16. B101.
전　화 _ 010-6863-4114
이메일 _ jjkpoet@daum.net

ISBN 979-11-992200-0-3
값 18,000원

파손 및 잘못된 책은 교환해 드립니다.
저자와의 협의에 의해서 인지를 생략합니다.

풀이슬 꽃잠

김지향
동민조시집

圖書出版 天河愛舍廊

| 시인의 말 |

자연에서 얻은 시를 환한 꽃빛으로

많은 꽃들 중에 복수초가 제일 먼저 얼굴을 내밀더니, 이어 수선화 꽃이 앞마당 가득 꽃바구니로 앉아 있는가하면 꽃잎 켜켜이 분홍빛 미소로 반기는 튤립이 오층석탑 앞에 꽃물결을 이루었습니다. 정원 한 바퀴 울타리의 명자나무 꽃잎도 꽃눈으로 날아 앉아 꽃 몇 이랑을 일구었습니다. 온 정원이 보라유채 군락지입니다. 부지깽이나물 밭에도 산사해당나무 꽃잎이 한껏 날려 팥꽃나무 사이로 향기로운 꽃바람에 봄꽃비를 맞습니다.

오랫동안 초롱초롱한 어린이들 눈망울과 눈 맞춤하며 유익하고 재미있는 동화구연을 들려주고 하모니카로 동요도 불어주며 우쿨렐레 악기로 다양한 멜로디와

화음에 맞춰 율동과 함께 보듬어 안아주면서 어릴 적 마음을 같이 해왔습니다.

    시를 향한 징검다리를 건넌지 십 수년 전, 이제야 칠순을 앞두고 첫 동민조시집을 묶게 되어 심히 부끄럽습니다.
    전원생활을 하면서 자연에게 얻은 생활의 시를, 세상의 환한 꽃빛으로 이야기하고 싶습니다. 시인의 동산을 공들여 가꿔 준 남편에게 감사한 마음 전합니다.

- 2025년 평택 "유년의 뜰"에서

김 지 향 삼가

| 차 례 |

* 시인의 말... 4

제 1 부
풀이슬 꽃잠

봄 말... 13
참새 떼... 15
꽃샘바람... 17
아장아장 꽃걸음... 19
종 달 새... 21
병아리 가족... 23
꽃 먹는 병아리... 25
풀이슬 꽃잠... 27
머 위 빵... 29
돌나물꽃... 31
꽃 마 실... 33
무논 음악회... 35
모 내 기... 37
꽃 한 줄 시 한 줄... 39
배꼽 달팽이... 41

제 2 부
풀벌레 학습법

왼돌이 달팽이... 45
채마밭 오이... 47
뻐꾸기 노랫말... 49
나 팔 꽃... 51
각시원추리... 53
고 추 꽃... 55
밀과 보리... 57
초당 옥수수... 59
간지럼나무... 61
달팽이야 미안해... 63
오소리와 산토끼... 65
애 기 양... 67
초 록 비... 69
아가 눈... 71
열 무 향... 73
풀벌레 학습법... 75
참새 유치원... 76

| 차 례 |

제 3 부
도둑 너구리

누운 꽃... 79

금 잔 화... 81

동 부 꽃... 83

도둑 너구리... 85

참게 술래놀이... 87

맷돌 호박... 89

붉은 수수... 91

애기 좀잠자리... 93

단 풍 물... 95

나뭇잎 비... 97

똑 같 애... 99

다시는 다시는... 101

깨알웃음... 103

제 4 부
서 리 꽃

눈 꽃... 107

얼음 꽃... 109

서 리 꽃... 111

눈꽃송이... 113

아기 코끼리... 115

청둥오리... 117

아산만 바닷가... 119

고 드 름... 121

고잔 남양호... 123

평택호 새떼... 125

짝 짓 기... 127

묵누룽지... 129

오 리 떼... 131

* 작품 해설... 132

제1부

풀이슬 꽃잠

~ ∞ ~

봄 말

봄말들
새싹으로
서로 손들고
저요!
저요!
저요!

~ ∞ ~

참새 떼

참새 떼

재잘재잘

봄을 부르네

새싹들 부르네.

~ ∞ ~

꽃샘바람

바람은

심술쟁이

애기 꽃 필까

꼬집는 햇방울.

~ ∞ ~

아장아장 꽃걸음

땅속의
속말들이
새순으로 쏙
아이 시원해라.

새 아기
새 꽃걸음
새 웃음으로
아장아장아장.

~ ∞ ~

종 달 새

봄 안개
푸른 들판
피어나라고
찌리 찌리 종달.

봄 햇살
봄바람도
함께 날자고
니나 니나 종달.

~ ∞ ~

병아리 가족

배 앓은
엄마 닭이
꼬꼬댁 꼬꼬
눈 코 귀 입 없네.

엄마 닭
스물 한 밤
껴안았더니
예쁜 입이 삐약.

~ ∞ ~

꽃 먹는 병아리

이른 봄
햇병아리
봄 소풍 나와
햇살과 쫑쫑쫑.

종지꽃
소래풀꽃
코딱지 나물
꽃밥상 차렸네.

~ ∞ ~

풀이슬 꽃잠

참이슬 반짝이는 앞마당 화단 싱그런 풀꽃들.

수영풀 뽑노라면 꽃잎에 누운 꽃바람 꽃구름.

날마다 태어나는 여린 풀들은 지구별 솜털꽃.

채송화 물망초꽃 눈웃음 짓다 실눈 감고 콜콜.

~ ∞ ~

머 위 빵

풋콩이 듬성듬성 머위잎빵에 콩별로 박혔네.

~ ∞ ~

돋나물꽃

지난 봄
별 새싹들
돋고 돋더니
노란 별꽃 무리.

별 아이
엄마 찾아
이슬젖 먹어
아침 꽃별 무늬.

~ ∞ ~

꽃마실

무밭에
하얀 무꽃,
배추흰나비
꽃마실 나왔네.

꿀벌들
마중 나와
윙윙 반기고
나폴 나폴 나폴.

~ ∞ ~

무논 음악회

무논에
참방참방
못자리 터엔

피라미
송사리.

붓도랑
물소리에
열린 음악회

물방개
미꾸리.

~ ∞ ~

모내기

농부님
대형트럭
몰고 나가네
층층 쌓은 모판.

삼박자
이양기로
무논에 심네
아기모 도련님.

~ ∞ ~

꽃 한 줄 시 한 줄

꽃으로
사는 시인
채마 밭에는

부추 꽃
잔대 꽃.

백일홍
봉숭아도
맨드라미도

꽃 한 줄
시 한 줄.

~ ∞ ~

배꼽 달팽이

파릇한
꽃상추를
갉아 먹어도
귀엽기만 하대.

유기농
채소들만
망쳐 놓아도
예쁘기만 하대.

제 2 부
풀벌레 학습법

~ ∞ ~

왼돌이 달팽이

비오는
날이라야
슬슬 나와서
좌로 이동 이동.

향긋한
쌈 채소만
뽕뽕 맛보고
뚜껑 덮고 쿨쿨.

~ ∞ ~

채마밭 오이

장맛비
후려 맞던
밭고랑 오이
흙탕에 누웠네.

하늘 젖
하룻밤 새
배불리 먹고
매달려 발레춤.

뻐꾸기 노랫말

뻐꾸기 웃음 향에 백일홍 꽃술 함박 열리고요.

뻐꾸기 한숨 밭에 울타리 분꽃 글썽이며 지네.

뻐꾸기 날개 짓에 족두리 꽃잎 신나게 날고요.

뻐꾸기 울음 선에 채송화 꽃숨 보송보송 피네.

~ ∞ ~

나 팔 꽃

잎자루
꽃봉오리
매달고 싶어
넝쿨손 뻗지요.

보랏빛
꽃 송아리
꽃턱에 받쳐
실꽃눈 뜨지요.

~ ∞ ~

각시원추리

실눈 뜬
새악시가
달빛과 놀아
고와진 꽃잎술.

여름날
해질녘에
꽃피웠다가
아침엔 감는 눈.

~ ∞ ~

고 추 꽃

하늘이
보고 싶어
고개 들다가
작아서 숨는 꽃.

벌 나비
찾지 않아
부끄러워서
수줍은 고추꽃.

~ ∞ ~

밀과 보리

밀대랑
보릿대랑
동무하자고
보리리
보리리.

참보리
밀보리알
노래하자고
밀리리
밀리리.

~ ∞ ~

초당 옥수수

황토밭

지렁이 땅

여문 옥수수

초당꽃 흰 수염.

~ ∞ ~

간지럼나무

꽃들은
아침마다
이슬 세수해
햇살분 바르네.

나무는
갈 봄 없이
목욕 안 해도
빗님이 씻겨줘.

~ ∞ ~

달팽이야 미안해

배추씨 뿌려 놓고 3일이 지나 떡잎이 나왔네.
어쩌나 새잎마다 싹이 트면서 뽕뽕난 구멍들.
처음엔 작고 작은 녹두알만한 갓나온 달팽이.
다음엔 콩알만해 신나게 먹는 어린 달팽이들.

보름을 갉아먹은 아기가 자라 엄마가 되었네.
어릴 땐 봐줬지만 이젠 아니야 홈키퍼로 쌩쌩.
달팽이 안타깝게 질식했어요 싫어요 싫어요.
배춧잎 너무 놀라 기절했어요 안돼요 안돼요.

~ ∞ ~

오소리와 산토끼

두둑에 토닥토닥 호박 고구마 순질러 박았지.
이랑에 자분자분 서리태 콩을 살살살 심었지.
땅 냄새 맡았는지 고구마 순들 줄줄이 자랐어.
콩들도 콩 주머니 달고 싶은지 쑥쑥쑥 커갔어.

누구야 애기순만 따가고 있어 혼 날줄 알아라.
산토끼 오소리도 다녀갔구나 그럴 줄 알았지.
그래라 잘했구나 잘라 가거라 많이들 먹어라.
잎새만 잘라먹고 콩꽃만큼은 따 먹지 말아라.

~ ∞ ~

애 기 양

싱싱한
풀잎 좋아
랄랄라 쏙 쏙
신난다 엄마야.

풀젓이
달달해서
왼 뿔 오른 뿔
즐겁다 아빠야.

~ ∞ ~

초 록 비

마알간

초록 눈물

똑똑 떨어져

초록별 환한 꿈.

~ ∞ ~

아가 눈

옛얘기

아가에게

눈빛 맞추면

귀 쫑긋

눈 초롱.

~ ∞ ~

열 무 향

열무밭
물주자니
열무 단내 폴
열무 향내 폴폴.

~ ∞ ~

풀벌레 학습법

여름밤 풀벌레방
자기 학습법 따로따로야,

아빠 풀벌레 찌르 찌르르,
엄마 풀벌레 뜨르 뜨르르,
아기 풀벌레 옴마 옴마 옴마.

노랫말 한가득한 말주머니엔
빨·주·노·초·파 색실 그물 가득.

새풀잎 입에 물고 찌르 찌르르,
단꽃잎 물고 뜨르 뜨르르,
참이슬 물고 옴마 옴마 옴마.

~ ∞ ~

참새 유치원

새 친구
반갑다며
잘 지내자고
마주보며 재잘.

모두들
예쁘다고
고운 노래로
소곤소곤 재잘.

제 3 부
도둑 너구리

~ ∞ ~

누운 꽃

우물 앞 옥수수밭 하늘바라기 누워서 꽃폈네.

한 여름 기특하게 노란 얼굴로 환하게 웃었네.

지난 봄 트랙터가 덮쳤거든요 그래도 좋아요.

뽑지만 않으시면 누워서라도 꽃망울 달래요.

~ ∞ ~

금 잔 화

금잔화 금빛 꽃잎
꽃차 만들래
한 바구니 땄지.

꽃보는 즐거움은
행복이라며
똑 따면 어떡해.

~ ∞ ~

동부꽃

주인의

발소리에

귀를 여는 꽃

말문 여는 꽃잎.

~ ∞ ~

도둑 너구리

남 몰래
먹고 가도
흔적 남겼네
빈 땅콩 껍질들.

헛농사
밉지 않아
내년에 또 와
새끼들 데리고.

~ ∞ ~

참게 술래놀이

뻘밭에
쉬지 않고
흙 놀이하다
숨어드는 참게.

참게야
보여주련
궁금 하구나
땅속 술래잡기.

~ ∞ ~

맷돌 호박

잘 익은
맷돌 호박
이듬해 자식
많이도 품었어.

줄줄이
영차 영차
포개고 안아
모두 다 쌍둥이.

~ ∞ ~

붉은 수수

여문 알
하늘 높이
받쳐 들고서
까치야 먹으렴.

양파 망
모자 쓰고
낟알 지킨다
까치야 메에롱.

~ ∞ ~

애기 좀잠자리

통통한
들깨 알들
쓱쓱 낫질에
날아가지 않네.

고소한
들깨 향에
코를 박고는
단잠에 빠졌네.

~ ∞ ~

단 풍 물

주홍빛

가슴으로

물들여 줄게

가을빛 단풍물.

~ ∞ ~

나뭇잎 비

빈 하늘

바람 손에

춤추듯 가요

내리는 가을비.

~ ∞ ~

똑 같 애

홍당무 한날 뿌려
수확할 때는 큰 애만 챙겼네.

작은 애 울먹이며
나도 같이 가 엄마집에 갈래.

~ ∞ ~

다시는 다시는

계단 길 내려가며 장난치다가 아이코 아야야.
왼발의 복숭아 뼈 통통 부어서 붕대로 칭칭칭.

오른 발 걱정 없다 모두 감당해 야리해진 발목.
왼발아 오른발아 정말 미안해 다시는 다시는.

~ ∞ ~

깨알웃음

나비 떼

여뀌풀밭

나폴거리다

깨알웃음 폴폴.

제 4 부

서 리 꽃

~ ∞ ~

눈 꽃

온 하늘

꿈을 안고

날아 앉은 꽃

하이얀 쌀밥꽃.

~ ∞ ~

얼 음 꽃

함박눈

눈송이가

사각거리네

얼음눈 꽃과일.

~ ∞ ~

서 리 꽃

온 땅에
보송보송
하이얀 솜털
은가루로 반짝.

달빛을
묻혀왔나
은빛 날개로
옴지락 꼼지락.

~ ∞ ~

눈꽃송이

별나라
구름나라
하늘의 꽃밭
사브작 사브작.

꿈나라
포근하게
아이들 별꿈
사르륵 사르륵.

~ ∞ ~

아기 코끼리

엄마는
꼬리 끝에
아기 코 잡고
요리로 조리로.

아기는
예쁜 코로
꼬리를 감고
앞설래 뒷설래.

~ ∞ ~

청둥오리

통통한

아기 오리

미끄럼 물살

까닥 까닥 뱅뱅

날씬한

아기 오리

물비늘 그네

간들 간들 동동

~ ∞ ~

아산만 바닷가

아산만
아롱다롱
바닷 물결은
흰 파도랑 놀고.

천수만
모롱모롱
바닷 물새는
금놀빛에 젖네.

~ ∞ ~

고 드 름

추녀 밑
하나 둘 셋
고드름 형제
수정빛 뿌리네.

눈 이불
뒤집어 쓴
아빠 자동차
수정 수염 총총.

~ ∞ ~

고잔 남양호

들녘의
양어장엔
메기가 가득
돌아가는 수차.

갈대밭
기슭마다
붕어 떼 놀아
신나는 낚시꾼.

~ ∞ ~

평택호 새떼

강추위
옹기종기
얼음판 위에
모여 앉은 새떼.

다 같이
정답게도
살얼음 쪼며
음악 공부하네.

~ ∞ ~

짝 짓 기

파아란
물면위에
밀잠자리 떼
얕게 날고 있네.

평택호
잠자리들
꽁지 맞물려
짝짓기 하는 중.

~ ∞ ~

묵누룽지

도토리
곱게 갈아
앙금을 앉혀
묵물 동들 동글.

참기름
묵 누룽지
그마저 넘봐
숟가락 아이들.

~ ∞ ~

오 리 떼

샛강에
새끼오리
초록 초르륵
가볍네 날개짓.

물먹은
오리들이
하늘 나를 땐
무겁네 날개짓.

| 작품 해설 |

천진난만 청정무구 동민조시인
– '풀이슬 꽃잠'에 부쳐

김 진 중

제89회 '自由文學' 신인상 民調詩部 초회 추천.
동민조시 '봄말' 외 5편 [김가원지향(본명 김지향)]

봄말들/ 새싹으로/ 서로 손들고/ 저요! / 저요! / 저요!
　　　　　　　　　　　　　　　– 동민조시 '봄 말' 전문

여름밤 풀벌레방/ 자기 학습법/ 따로따로야,//
아빠 풀벌레/ 찌르 찌르르,/ 엄마 풀벌레/ 뜨르 뜨르르,
아기 풀벌레/ 옴마 옴마 옴마.//
노랫말 한가득한 말주머니엔/ 빨·주·노·초·파/ 색실 그물 가득.//
새풀잎 입에 물고/ 찌르 찌르르,/ 단꽃잎 물고/ 뜨르

풀이슬 꽃잠

뜨르르,
  단풍잎 물고 옴마 옴마 옴마.

- 동민조시 '풀벌레 학습법' 전문

무밭에 하얀 무꽃,/ 배추흰나비/ 꽃마실 나왔네.

- 동민조시 '꽃마을' 전문

열무밭 물주자니,/ 열무 단내 폴,/ 열무 향내 폴폴.

- 동민조시 '열무향' 전문

차/ 한/ 잔/ 먹고 싶어// 개골/ 개/ 개골,// 울고/ 울고/ 울고.

- 동민조시 '대장개구리' 전문

샛강에/ 새끼오리/ 초륵/ 초르륵,/ 가벼운 날개짓.//
물먹은 오리들이/ 하늘 날 때엔/ 날갯짓 무겁다.

- 동민조시 '오리 떼' 전문

풋콩이 듬성듬성 머위잎빵에 콩별로 박혔네.

- 민조시 '머위 빵' 전문

제89회 '自由文學' 신인상 民調詩部 초회 추천
民調·童民調詩 심사평
'으뜸에 버금갈 수 있는 동민조시를…'

여기 천진한 동심을 가진 신인을 民調詩人으로 초회 추천한다. 아니 그는 단순한 신인이 아니라 7년여 전에 이미 자유시로 登林해 한국 문협 등 여러 단체에서도 활동하고있는 기성 시인이다.

그의 작품을 처음 보았을 때 나는 마치 싱그러운 자운영 꽃밭속에 있는 것같은 느낌을 받았다. 이미 耳順을 향해 달려가고있는 분이 이렇게도 순수한 서정성과 동심을 보듬고있으며, 그풀향을 솔솔 풍길 수 있을까 하는 것이었다. 그후 나의 권유로 '한국 민조시 아카데미'에서 동민조시와 민조시를 쓰기 시작하면서 점점 3·4·5·6조의 정형률에 매료되어 짧은 기간임에도 열심히 시창작에 몰입해왔다.

그의 童民調詩 '봄말', '풀벌레 학습법', '꽃마실', '열무향', '대장개구리', '오리떼' 6편과 民調詩 '말주머니', '풀잎꽃', '텃밭참외', '여름달밤', '꽃농사 시농사', '머위빵', '생쭈꾸미', '꽃말'들 8편을 함께 가려

뽑는다.

　전반적인 제목만 훑어보아도 알 수 있듯이 그는 꽃과 정원을 가꾸는 농부 시인이다. 그의 시세계는 한결같이 고향땅의 순수한 자연으로, 유년의 공간으로 회귀하여 모든 생명들과 더불어 노래하고 화합하려는 그 상생의 환희감이 돋보인다.

　앞으로 시공부에 좀 더 일로매진해 이나라 民調詩史 중 동민조시 부문에서만큼은 으뜸에 버금갈 수 있는 시인으로 자리매김할 수 있기를 바란다.

- 申世薰 金鉉洙 金進中(글) 呂閏東

제7회 '民調詩學' 신인상 민조시부
동민조시·民調詩로 2회 추료

목청껏/ 울어제껴/ 살맛난다야,/ 여름여름여름.

-'민조시 '매미' 전문

올벼꽃 귀여운 털/ 노랗게 익어/ 알곡이 여무네.

-'올벼꽃' 전문

오이가 장맛비 속/ 고랑에서// 흙탕물 젖먹네.

– '장마철' 전문

별새싹 한 잎 두 잎 돋아나더니, 별무리 되었네.

– 민조시 '돈나물꽃' 전문

제7회 '民調詩學' 신인상 民調詩部 2회 추천 완료
童民調詩·民調詩 심사평

'民調詩보다 童民調詩에서 더욱 빛나는
시적 미학이 반짝인다'

　김가원지향(본명·김지향) 女士는 제89회 '自由文學' 신인상 民調詩部 초회 추천을 받은 시인이다. 그리고 동화 구연 강사이기도 하다. 그래선지 童民調詩와 民調詩를 같이 응모했다. 동민조시는 '장마철', '돈나물꽃' 2편, 民調詩는 '매미', '올벼꽃', '삶꽃' 3편으로, 모두 5편을 골라 추료한다. (중략)

　응모 작품이 모두 단수인 평민조시이다. 단민조시라고도 한다. 응모 民調詩 3편도 3·4·5·6조 18자 단민조시, 동민조시 두 편도 18자 단민조시(평민조시)이다.

오히려 民調詩보다 童民調詩에서 더욱 빛나는 시적 미학이 반짝인다. 아마도 그가 직접 현장에서 어린이나 어린이같은 노인들을 상대로 동화 구연을 하며 실제 체험을 많이 쌓은 경험 때문이 아닌가 한다. 한꺼번에 동민조시와 민조시를 추천하는 구실도 이런 데 있다. 앞으로 아동 문학 부문에 속하는 동민조시와 성인 문학 부문에 속하는 民調詩를 다같이 아우르며 잘 써낼 것이라 믿는다. 끝으로 金進中 씨의 집중 지도를 받았다는 것을 밝혀둔다.

— 申世薰(글) 金鉉洙 金進中 呂闰東

추료 소감
'쉰여덟 송이의 꽃을 피우고'

어린시절 마을앞 저수지를 배회하며, 마름과 부들을 보면서도 늘 마음이 외로웠다. 친구들은 몰려다니며 3·3, 5·5 짝을 지어 놀았건만, 난 언제나 혼자였다.

뒷동산 윤정승의 묘, 상석에 앉아 제비꽃 따 꽃반지 만들고, 토끼풀꽃 뽑아 팔찌 만들며 저수지를 내려다보곤 했지만, 여전히 허전했던 것은 왜 그랬을까?

초등 학교 고학년이 되면서 음악책에 나오는 노래들, '나뭇잎 배', '초록바다', '꽃밭에서'의 가사말이 얼마나 좋았는지, 노래부를 때마다 가슴이 절절했다.

지지난해 30년 가까이 하던 일을 손놓았다. 대신 힘들게 매달린 것이 손녀에게 해주기 위한 동화 구연. 손녀뿐만 아니라 동네어린이들 모아놓고 동화를 들려주는 '꽃밭할머니'가 돼야겠다는 생각에 몰입했다. 백여 가지의 손유희를 터득하고, 초등 음악 동요를 하모니커로 연주하고, '꼬꼬마우쿨렐레'를 합주할 줄 알게 됐다.

거기에 나의 사랑하는 아가들, 야생화 꽃들과 석창포라는 귀한 식물들에게 '띠리리리링~~!' 홀홀홀홀, 롤롤롤롤, 아르페지오와 텀블럭으로 하모니커와 우쿨렐레로 주말마다 식물들에게 '내 사랑하는 아가들아! 아름다운 선율로 무럭무럭 자라거라~~!' 때로는 72색 크레파스와 36색 파스텔로 4절 스케치북에 동시를 쓰면서, 배경으론 그림을 그린다. 그림만 그리는 것이 아니다. 갖가지의 예쁜 스티커로 장식을 한다.

옛날에 다녀보지 못한 유치원을 쉰여덟 송이의 꽃을 피운 나이 지금에 와서 자그마치 네 곳이나 다닌다. 어린 시절 외로웠던 마음 달래기 위함인지 '송죽원'의 초

풀이슬 꽃잠

등 여자 어린이 아람과 빛나, 슬기를 품어안았다. 난 정말 진정한 민조시나 동민조시 시인인가? 추료 완료 소감 쓰는 데도 너무 행복해 울컥한다.

이 모든 것은 한국 문인 협회 민조시 분과 회장 金進中 회장께서 물꼬를 틔워주신 덕분이다. 고개 숙여 깊이 감사드린다. 전 문인 협회 제22·23대 이사장이셨던 申世薰 회장께도 진정한 고마움의 말씀을 올린다.

한국민조시아카데미 제2기로

필자는 김지향 시인과 약 15년 전에 서대문문협에서 처음 만나게 되었다. 그때 이미 김가원 시인으로 활동하고 있을 때였는데 그의 인성과 작품성향을 살펴보건데 민조시랑 동민조시가 더 어울릴 것 같아 필자가 독립관에서 지도하는 한국민조시아카데미 제2기로 등록하게 하여 1년간 집중적으로 민조시 수업을 받게 하였다.

동민조시는 말 그대로 순진무구한 어린이의 맑은 눈으로 어린이의 마음밭에 찰랑이는 감정을 운율에 맞춰 노래하는 장르로서 이를 3·4·5·6조 율조에 맞춰서 쓰는 정형시를 말한다. 거기엔 어떤 복잡다단한 수사나 기교도 필요하지 않는 투명하고 단순 명료한 어린이의 눈높이가 요구된다.

  그러나 우리 말 마디나 운율에 전혀 거슬림이 없이 순수한 어린이들의 마음을 포근하게 느끼며 콧노래를 흥얼거리게 하는 운율을 지니고 있다. 거기다가 여러 가지 의성어나 의태어 등을 적잘히 버무려 넣어 소리글자인 우리 한글의 우수성을 은연중 아름답게 표현하고 있어 순진무구하고 때 묻지 않은 아동들의 음악성을 간과하지 않을 수가 없다.

천진난만 애기시인

  옛글에 '詩 三百篇 思無邪'라 했듯이 전체적으로 글속에 삿됨이 없이 참 맑고 순수하다. 이는 곧 시인의 심성이 그만큼 여리고 착하며 사물을 관조하는 시선이 따뜻함을 암시해 주고 있다. 그리고 자연 친화적인 시 세계를 보여주고 있다. 이는 성경에서도 어린 아이와 같아야 천국에 갈 수 있다고 했듯이, 불가에서도 천진불 청신녀라 했듯이.

풀이슬 꽃잠

무밭에
하얀 무꽃,
배추흰나비
꽃마실 나왔네.

꿀벌들
마중 나와
윙윙 반기고
나폴 나폴 나폴.

— '꽃마실' 전문

생명있는 모든 풀과 꽃, 나무와 숲, 그리고 늘 변화하는 자연의 노을과 바람, 떠가는 구름과 흐르는 강물, 그리고 그 가운데서 더불어 살아가는 우리네 모든 것이 시인의 마음에 투영되면 한 편의 아름다운 시로, 한 소절의 노래로, 다시 태어나게 되는 것이다.

참이슬 반짝이는 앞마당 화단 싱그런 풀꽃들.
수영풀 뽑노라면 꽃잎에 누운 꽃바람 꽃구름.
날마다 태어나는 여린 풀들은 지구별 솜털꽃.

채송화 물망초꽃 눈웃음 짓다 실눈 감고 콜콜.

- '풀이슬 꽃잠' 전문

청정무구 농부시인

  시인의 부군이 아내를 위해 경기도 평택시 청북 아내의 고향마을에 '유년의 뜰'이란 전원주택을 조성해 석창포와 여러 가지 꽃도 심고 작물도 심는 농사도 겸하고 있다. 그러나 안 주인은 오로지 꽃농사 시농사에 열정을 기울이는 것 같았다.

꽃으로
사는 시인
채마밭에는
부추꽃
잔대꽃.

백일홍
봉숭아도
맨드라미도
꽃 한 줄

시 한 줄.

– '꽃 한 줄 시 한 줄' 전문

자연친화 상생시인

 시인은 어린 시절을 자연속에서 자라야 아름다운 심성과 시심을 키울 수 있다고 생각한다. 고운 꽃과 풀잎은 언제쯤 피어나며 별은 어찌 빛나는 걸까. 그리고 올챙이와 달팽이는 어떻게 살며 산토끼와 오소리는 왜 새싹을 잘라 먹을까. 농부는 그 벌레와 짐승들이 얄밉기도 하지만 뭐든지 어린 것들은 사랑스러워 함께 상생하는 여린 심성을 지니고 있는 것이다

배추씨 뿌려 놓고 3일이 지나 떡잎이 나왔네.
어쩌나 새잎마다 싹이 트면서 뽕뽕난 구멍들.
(중략)

– '달팽이야 미안해' 중에서

두둑에 토닥토닥 호박 고구마 순질러 박았지.
이랑에 자분자분 서리태 콩을 살살살 심었지.
(중략)

그래라 잘했구나 잘라 가거라 많이들 먹어라.
잎새만 잘라먹고 콩꽃만큼은 따 먹지 말아라

– '오소리와 산토끼' 중에서

    시인은 대학원에서 문예창작과를 졸업하고 송죽원에서 14년간 어린이들에게 독서지도사로 가르치고 있고 장관 표창도 여러번 받은 걸로 알고 있다. 이제 칠순에 처녀시집을 내게 되니 한국문학사에서 처음으로 발간하는 동민조시집으로서 동민조시의 전범이 되겠기에 깊이 축하드리며 앞으로도 깨알웃음같은 동민조시를 더 많이 써 주기를 기대해 본다.

– 한국문인협회 민조시분과 25·27대 회장(역)